KAIRÓS PALESTINA

I0171216

un momento de verdad

Introducción

Kairós Palestina es la palabra de los palestinos cristianos al mundo sobre lo que está sucediendo en Palestina. Su importancia surge de la expresión sincera de las preocupaciones de los cristianos palestinos por su pueblo y de su visión del momento de la historia que están atravesando. Tiene un profundo compromiso con el camino del amor y la no violencia de Jesús, aun ante la arraigada y prevaleciente injusticia. *Kairos Palestina* busca ser profético al abordar las cosas tal como son, sin equivocación. Es una confesión de fe contemporánea y ecuménica y un llamado a la acción. Su tono y su teología se hacen eco de manifiestos cristianos similares escritos en tiempos de crisis, como por ejemplo aquellos escritos durante el ascenso del nazismo (Declaración de Barmen, 1934), durante el movimiento de los derechos civiles en EE. UU. (Carta desde la cárcel de Birmingham, 1963) y en medio de la lucha por terminar con el apartheid en Sudáfrica (Documento Kairós, 1985). Este llamamiento fue redactado y respaldado por una amplia coalición de líderes cristianos palestinos: católicos, ortodoxos, protestantes de la corriente mayoritaria y evangélicos.

SECCIÓN 1

¿Qué es el documento *Kairós Palestina* y por qué deberíamos estudiarlo?

¿Qué es *Kairós*?

Kairós es la palabra griega para ese momento especial de oportunidad en que se nos invita a confesar nuestra fe uniéndonos a la actividad redentora de Dios. Los autores cristianos palestinos de este documento han declarado "un momento de verdad" en el que debe darse "una palabra de fe y esperanza desde el corazón del sufrimiento palestino" para ser oída por la Iglesia global.

¿Por qué estudiar *Kairós Palestina*?

Hace más de 65 años que los menonitas permanecen cimentando relaciones en Palestina-Israel. Una expresión importante de este trabajo ha sido y sigue siendo la educación y la defensoría o intercesión, llamando la atención al sufrimiento en Palestina y comunicando al público de EE. UU. las historias de trabajadores palestinos e israelíes por la paz. Esto incluye alzar la voz de los cristianos palestinos y responder a su llamado a la intercesión.

En 2011, el director ejecutivo de la Iglesia Menonita de EE. UU., escribiendo en nombre de la junta ejecutiva, animó a los "miembros de la Iglesia Menonita de EE. UU. en distintos entornos a leer y debatir este documento [*Kairós Palestina*] … y a considerar cómo uno podría ser parte de esta respuesta. Específicamente, los invitamos a dar algunos pasos para: aprender sobre la situación en Israel/Palestina, incluyendo una visita a la región y encuentros con hermanos y hermanas cristianos de allí; volver a estudiar lo que dice la Biblia acerca de la tierra de Israel y participar de un diálogo con otros acerca de la teología del sionismo cristiano y su impacto en los hermanos y hermanas cristianos de la región; considerar cómo nuestras vidas financieras están implicadas en las políticas de la ocupación, en especial a través del dinero recaudado con nuestros impuestos y nuestras inversiones; profundizar nuestro compromiso con el camino de la cruz, que une el gran amor por todas las personas con la valiente resistencia a la injusticia y el pecado".

En 2015, luego de someter previamente a discusión una resolución sobre Israel-Palestina, la asamblea de delegados de la Iglesia Menonita de EE. UU. aprobó de manera unánime una resolución de seguimiento titulada "Declaración de apoyo a nuestros copartícipes palestinos e israelíes en el trabajo por la paz". La resolución compromete a la iglesia a esforzarse por "comprender de manera más completa el contexto social, económico y político en el que ustedes viven, trabajan y oran; reflexionar acerca de nuestras propias visiones teológicas y políticas sobre la tierra de Israel-Palestina; y discernir modos en que podemos buscar un futuro más justo para los pueblos de Israel y Palestina".

¿Cuál es el propósito de este plan de clases?

Para oír y entender mejor las voces de los palestinos cristianos necesitamos tener una comprensión en común de algunos de los asuntos políticos y religiosos que son una consecuencia de la creación del Estado de Israel, la subsiguiente anexión de Jerusalén Este por parte de Israel y la ocupación militar de Cisjordania y Gaza. Dada la representación polarizada y a menudo tendenciosa de los medios de comunicación en asuntos que involucran a Israel y Palestina, a los estadounidenses les resulta difícil tener diálogos o debates reflexivos y respetuosos en torno a estos asuntos. El propósito de este plan de clases es facilitar un diálogo significativo acerca de *Kairós Palestina* brindando el contexto de su llamamiento, definir términos o hechos sobre la tierra citados en el documento y enmarcar los asuntos a dialogar.

¿Quién preparó este plan de clases?

Posterior a la aprobación de la "Declaración de apoyo a nuestros copartícipes palestinos e israelíes en el trabajo por la paz" por parte de la asamblea de delegados de la Iglesia Menonita de EE. UU. en 2015, el Rvdo. Alex Awad, ex decano del Colegio Bíblico de Belén, instó a los delegados a elaborar "un estudio serio del *Documento Kairós*". La Red Menonita para Palestina-Israel (MennoPIN) obtuvo el permiso de la Red de Misión para Israel y Palestina (IPMN) de la Iglesia Presbiteriana (EE. UU.) para adaptar su guía de estudio previamente publicada y así utilizarla en congregaciones menonitas.

¿A quiénes está dirigido *Kairós Palestina*?

A cristianos locales, líderes religiosos y políticos y sociedades civiles palestinas e israelíes, la comunidad internacional, todos los cristianos y todas las iglesias del mundo.

¿Cuál es el mensaje central de *Kairós Palestina*?

En medio de "la ausencia de esperanza", los palestinos cristianos proclaman un mensaje de fe, esperanza y amor. Al mismo tiempo, hacen las siguientes declaraciones:

- La ocupación militar de territorios palestinos por parte de Israel desde hace décadas es un pecado contra Dios y la humanidad.
- Cualquier teología o interpretación de la Biblia hecha por cristianos o judíos que justifique esta ocupación "está muy lejos de las enseñanzas cristianas".[1]
- Los cristianos están llamados a confrontar el mal y la injusticia mediante una resistencia creativa, valiente y no violenta que "[ve] la imagen de Dios en el rostro del enemigo" y tiene al "amor como lógica". Una resistencia basada en el amor al enemigo y un repudio a la venganza es la única esperanza para una paz y una reconciliación justa.
- *Kairós Palestina* afirma los boicots, las desinversiones y las sanciones particulares como expresión de una resistencia no violenta a la injusticia y como herramientas para la justicia, la paz y la seguridad para todos.

Lo que *Kairós Palestina* no es

Kairós Palestina no es un análisis exhaustivo de Oriente Medio ni de la compleja historia del conflicto israelí-palestino. En su lugar, retrata la realidad actual de la tierra en Cisjordania y Gaza y la respuesta cristiana palestina a las injusticias padecidas por el pueblo palestino que vive bajo ocupación militar.

¿Es equilibrado *Kairós Palestina*?

Kairós Palestina es la voz auténtica de cristianos palestinos y es su descripción de lo que está sucediendo hoy en su tierra, así como de lo que le está ocurriendo a su pueblo. Esta narrativa no tiene la intención de incluir otras perspectivas. Más bien,

---

[1] El uso de la frase "está muy lejos de las enseñanzas cristianas" en el documento *Kairós* (ver 2.5 y página 30 bajo "Un mensaje de los autores") parece portar la misma fuerza que una acusación de herejía.

busca abordar las diversas formas de desbalance hoy presentes en muchas conversaciones internacionales sobre Palestina e Israel, incluyendo 1) el mal uso de la Biblia y la teología para respaldar la injusticia, 2) la doble moral de la comunidad internacional que contribuye al sufrimiento palestino, y 3) el profundo desbalance de poder entre israelíes y palestinos en los medios de comunicación, en la mesa de negociaciones y en el terreno. Los autores de *Kairós* alzan la voz contra este letal desbalance, declarando la verdad tal como la entienden y confesando su fe en el evangelio de Jesucristo, el cual creen que tiene el poder para poner fin al odio y la violencia y para transformar a los enemigos en amigos.

SECCIÓN 2
La realidad sobre la tierra: antecedentes de trasfondo y mapas

Kairós Palestina supone que los lectores están familiarizados con algunos de los hechos básicos acerca de la ocupación de Cisjordania y Gaza por parte de Israel: los asentamientos israelíes ilegales, el muro de separación, los puestos de control y la privación de derechos humanos y de la libertad sufrida por los palestinos. Debido a que los medios de comunicación de EE. UU. rara vez exponen todos estos hechos, a continuación ofrecemos un breve resumen de la situación existente sobre la tierra para asistir al lector del documento *Kairós Palestina*.

Expropiación de la tierra palestina entre 1948 y 1967

De acuerdo a la resolución de partición de la ONU de 1947, el 56% de la superficie de la tierra de Palestina fue asignada a un Estado judío y el 44% a un Estado árabe. Sin embargo, en la guerra que le siguió a la declaración de la independencia de Israel en 1948, Israel ocupó el 78% de la tierra, dejando apenas el 22% de Palestina para un eventual Estado árabe (ver mapa "Pérdida de tierra de Palestina entre 1946 y 2010", página 5). 750 000 palestinos huyeron para estar a salvo o fueron obligados a abandonar su propiedad por la fuerza y se les prohibió regresar a su tierra. En su lugar, Israel les expropió la tierra, violando las resoluciones de la ONU.

La *Nakba*

Los palestinos llaman *Nakba* ("desastre", "catástrofe" o "cataclismo" en árabe) a la expulsión de 750 000 palestinos de lo que pasó a ser el Estado de Israel en 1948. Más del 60 por ciento de los 1,4 millones de palestinos que viven en lo que hoy es Israel, así como 750 000 palestinos en Cisjordania y 1,2 millones de palestinos en Gaza, son "refugiados internos" que han sido desplazados de sus tierras y hogares de origen. Más de 530 aldeas palestinas fueron despobladas y completamente destruidas para borrarlas de su memoria. Actualmente, más de 7 millones de refugiados palestinos siguen estando desplazados y despojados.

Pérdida de tierra de Palestina entre 1946 y 2010

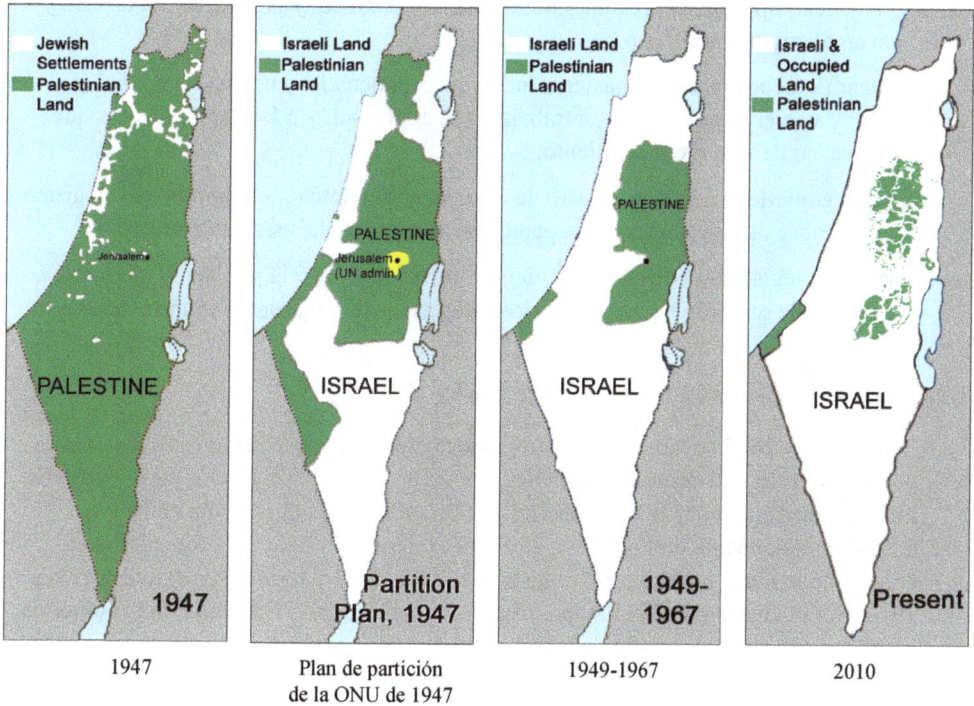

| 1947 | Plan de partición de la ONU de 1947 | 1949-1967 | 2010 |

La ocupación israelí de Cisjordania y Gaza

Los límites internacionalmente reconocidos de Israel establecidos por el armisticio de 1949 se muestran en el tercer panel de los mapas de arriba. Los palestinos que vivían en Cisjordania, incluyendo Jerusalén Este, estaban bajo gobierno jordano, mientras que los palestinos que vivían en Gaza estaban bajo gobierno egipcio, quedando pendiente el establecimiento de un Estado palestino que controlaría estas regiones. En 1967, luego de una guerra con Jordania y Egipto, las fuerzas militares israelíes ocuparon Cisjordania y Gaza. Según la ley internacional, estos se consideran territorios ocupados militarmente por Israel y no parte de Israel. Son la "Palestina ocupada" y están bajo la administración de la ley castrense israelí, no bajo el control de las autoridades civiles israelíes.

Ley internacional acerca de las poblaciones bajo ocupación militar

Las leyes internacionales definen los derechos humanos básicos de los pueblos que están bajo ocupación militar y aquellos actos que constituyen crímenes de lesa humanidad. La ley internacional prohíbe:

- La expropiación de bienes raíces pertenecientes a un grupo o grupos raciales o bien a integrantes de los mismos.

- Negarles a los dueños de una tierra el derecho a regresar a su propiedad luego de un conflicto militar.

5

- Negar libertades humanas básicas, incluyendo la libertad de circulación, residencia, opinión, expresión y manifestación pacífica, y la libertad del arresto y encarcelamiento arbitrario.

- Negar derechos humanos básicos, incluyendo el derecho a una nacionalidad, a dejar y volver al propio país, a trabajar, a la educación y a formar sindicatos que reciban su debido reconocimiento.

- Actos cometidos con el propósito de establecer y mantener el dominio de un grupo racial sobre otro grupo racial de personas, oprimiéndolo sistemáticamente.

- Medidas legislativas diseñadas para dividir racialmente a la población mediante la creación de reservas y guetos para los integrantes de un grupo o grupos raciales.

Expropiación de tierras palestinas entre 1967 y 2015

Entre 1967 y 2015 se han expropiado grandes áreas de tierra de Cisjordania para permitir más de 121 asentamientos ilegales y 100 puestos fronterizos para residentes judíos. Actualmente, más de medio millón de colonos israelíes viven en la Cisjordania ocupada, incluyendo a 190 000 en Jerusalén Este. La propiedad y el control de la tierra palestina se limita hoy al 13% del territorio de Palestina previo a 1947 (ver el cuarto panel del mapa, página 5). Desde 2007, Gaza ha estado sometida a un bloqueo pleno por parte de Israel.

La centralidad de Jerusalén

Poco después de la guerra de 1967, Israel se anexó unilateralmente Jerusalén Este y las tierras palestinas circundantes, desafiando la ley internacional y a pesar de la enérgica condena de la comunidad internacional. Aun así, "Jerusalén es el corazón de nuestra realidad", declara *Kairós* (1.1.8), y es "la primera cuestión a tratar en las negociaciones" (9.5). Debido a que Jerusalén tiene un significado religioso y cultural tan profundo para judíos, musulmanes y cristianos y dado que Jerusalén es también el corazón de la economía palestina, una Jerusalén compartida está en el corazón de cualquier solución al conflicto, ya sea la que propone dos Estados o un Estado. La continua expulsión de palestinos de sus hogares en Jerusalén Este, el creciente establecimiento de judíos israelíes en Jerusalén Este y el reiterado reclamo israelí de que toda Jerusalén es y siempre será parte de Israel, son los mayores obstáculos para la paz.

Restricciones a la libertad de residencia de los palestinos

El dominio militar israelí en la Cisjordania ocupada no ha aprobado casi ningún permiso de construcción para los palestinos que viven en la tierra rural no desarrollada. Sin embargo, se han aprobado permisos de construcción para colonias de asentamientos con medio millón de residentes judíos en tierra palestina, violando así la ley internacional. Entre 1967 y 2001, a casi ningún palestino se le otorgó permiso para construir una vivienda en Jerusalén Este. Sin embargo, en ese mismo lugar se han construido 46 978 viviendas para colonos judíos. Desde junio de 1967 a junio de 2009 se han demolido más de 24 000 hogares palestinos en territorios ocupados.

Restricciones a la libertad de circulación de los palestinos

Cientos de puestos de control y controles de carretera en la Cisjordania ocupada restringen la libertad de circulación de palestinos hacia sus hogares, negocios, escuelas, trabajos, hospitales y granjas. Los palestinos son deshumanizados y sufren rutinariamente esperas indeterminadas, un tratamiento humillante, incertidumbre y negación del acceso en los puestos de control.

Carreteras segregadas: Las carreteras segregadas, que Israel llama "carreteras de circunvalación", conectan las colonias de los asentamientos entre sí y con Israel (ver mapa abajo). Los 793 kilómetros de carreteras de circunvalación proveen libre acceso a los vehículos israelíes, pero restringen o prohíben el desplazamiento de palestinos. Estas carreteras desconectan a los palestinos de sus tierras agrícolas, escuelas, hospitales, mercados y familias extendidas y desguazan Cisjordania en enclaves aislados.

Muro de separación: En 2002, el gobierno israelí comenzó a construir un "muro de separación" en Cisjordania. Gran parte del muro de separación está construido entre hogares palestinos y sus tierras de cultivo, negocios, escuelas, hospitales y los hogares de familiares y amigos. En Jerusalén Este, el muro de separación está construido en medio de lo que alguna vez fue una ciudad contigua, muy similar al muro de Berlín. El 85% del muro está construido dentro de Cisjordania, no en la Línea Verde, reconocida internacionalmente. De modo que el propósito principal del muro no es la seguridad, sino más bien separar a los palestinos de las colonias de asentamientos israelíes situadas en tierras palestinas expropiadas.

Israel ha dividido racialmente a la población: las colonias de asentamientos, las carreteras segregadas que las conectan y el muro de separación restringen a los palestinos a reservas o guetos aislados, devastan la economía palestina e impiden la creación de un Estado palestino viable, contiguo, soberano e independiente. En lugar de

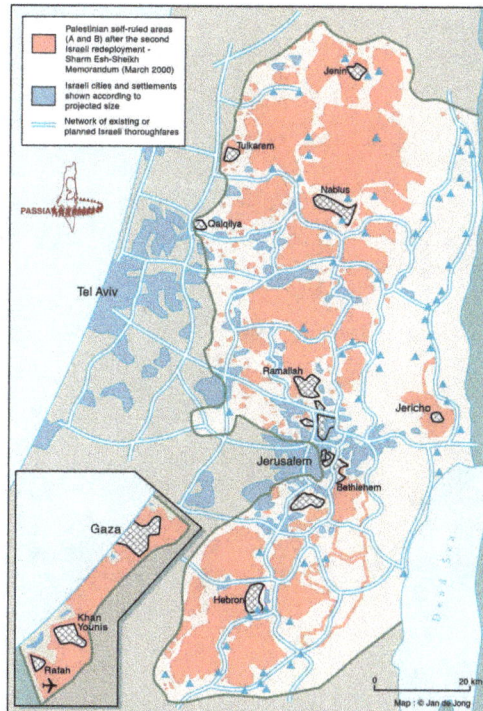

Sociedad Académica Palestina para el Estudio de Asuntos Internacionales (PASSIA) www.passia.org

Las carreteras segregadas que conectan a las colonias de asentamientos de Cisjordania con Israel permiten el movimiento sin restricción de los colonos, pero permiten un acceso limitado o nulo a los palestinos.

7

disminuir, la cantidad de asentamientos y carreteras segregadas aumentó durante las negociaciones de paz de Oslo en 1993.

Las reservas o guetos de Cisjordania en los que se confina a los palestinos se pueden ver en el mapa de abajo. A los palestinos se les niega el acceso a las áreas que en el mapa figuran en blanco.

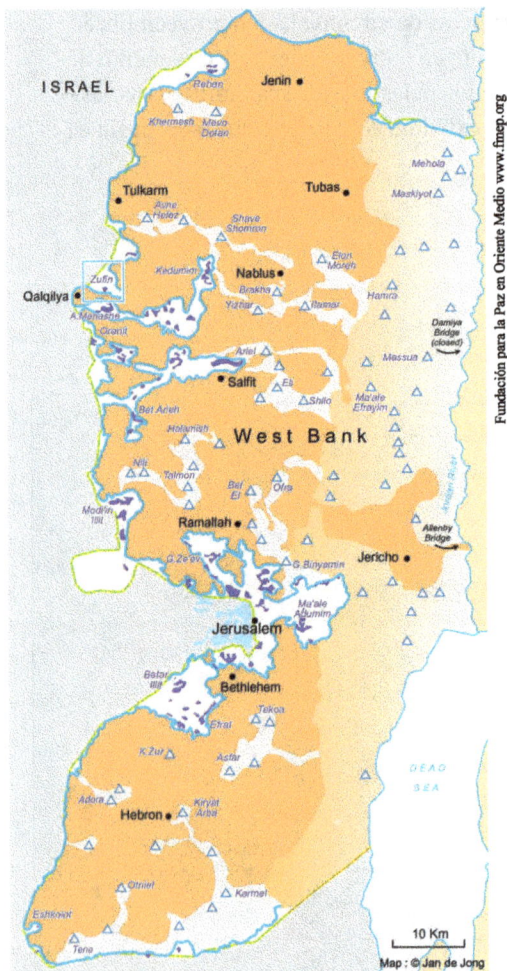

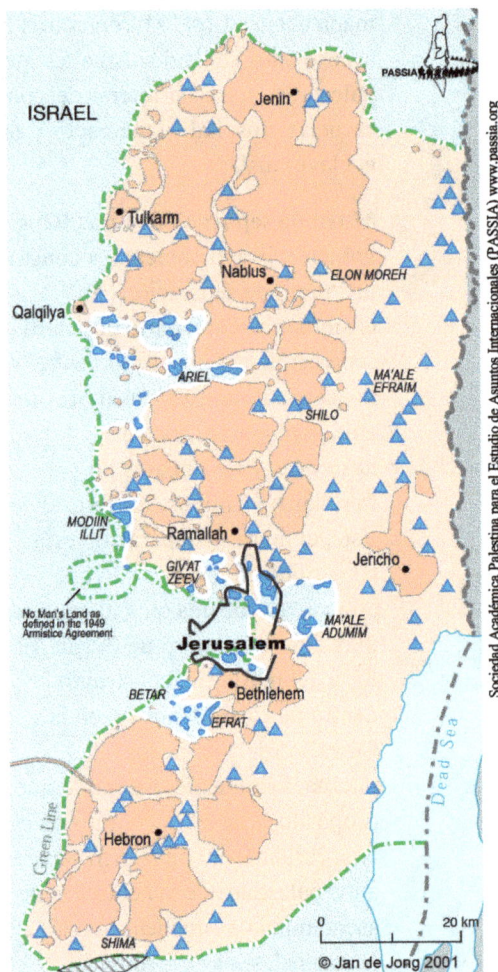

El muro de separación (línea azul) no está en el límite internacionalmente reconocido entre Israel y Palestina. Grandes sectores de territorio palestino están en el "lado israelí" del muro.

Las reservas o guetos (en rosado) confinan a los palestinos a 64 espacios aislados y totalmente rodeados (similares a cantones) en Cisjordania. Los triángulos son las principales colonias de asentamientos israelíes.

Las opciones del Estado único y de los dos Estados para Israel y Palestina

En este momento existe una solución *de facto* que impone un Estado único en Israel, siendo Israel quien controla la tierra, los recursos y los derechos desiguales para palestinos e israelíes. Alternativamente, la solución del Estado único podría significar que todos los residentes de Israel-Palestina vivieran en un país con igualdad de derechos y compartieran toda la tierra. La solución de los dos Estados plantea que Israel y Palestina sean dos Estados distintos, siendo cada uno contiguo, económicamente viable e independiente. Actualmente, muchos temen que la solución de un Estado único con igualdad de derechos para todos no es viable porque Israel cree que debe haber mayoría de judíos en un Estado israelí y que las características demográficas que el Estado único plantea daría paso a una mayoría palestina. A la vez, muchos temen que la solución de los dos Estados ya no es viable porque los asentamientos israelíes en Palestina con más de medio millón de personas están impidiendo la posibilidad de un Estado contiguo, económicamente viable e independiente.

SECCIÓN 3

Plan de clases de cuatro semanas para el estudio congregacional

---

Un mensaje al líder de la clase:

Este plan de clases está organizado en torno a tres secciones principales de *Kairós Palestina*: Semana 1: fe, esperanza y amor (secciones 2, 3, 4 y 10); Semana 2: los efectos de la ocupación militar israelí en los palestinos (sección 1); y Semana 3: el llamado a la acción dirigido a diversos grupos (secciones 5-9). La semana 4 abre la conversación sobre acciones específicas e invita a orar por la paz. Para guiar este estudio necesitará los siguientes materiales: una Biblia y una copia de *Kairós Palestina: plan de estudios de cuatro semanas para congregaciones* para cada integrante de la clase.

Para la semana 2 se sugiere que la clase vea parte del capítulo 2 ("The Big Picture", El cuadro general) del DVD *Steadfast Hope* (11 minutos). *Steadfast Hope: The Palestinian Quest for Just Peace* (Amor resuelto: la búsqueda palestina de una paz justa) es un currículo producido por la Red de Misión para Israel y Palestina (IPMN, por sus siglas en inglés) de la Iglesia Presbiteriana que incluye un cuadernillo de 48 páginas y un DVD de 80 minutos. (Disponible por separado o con descuento por volumen en http://store.pcusa.org o llamando al 1-800-524-2612. Pida el ítem #2646615001. El video también está disponible a

través del sitio web de IPMN
www.israelpalestinemissionnetwork.org/main/component/content/article/5/3-steadfast-hope.

Para la semana 4 se sugiere que la clase vea el video "Children of the Nakba" (Hijos de la Nakba), producido por el Comité Central Menonita. (Disponible a través de la página de recursos de MennoPIN en www.mennopin.org/congregational-resources).

Entre los recursos adicionales están *What is Palestine-Israel? Answers to Common Questions* (¿Qué es Palestina-Israel? Respuestas a preguntas comunes), de Sonia Weaver (por encargo del Comité Central Menonita, disponible a través de Mennonite Media); *Under Vine and Fig Tree: Biblical Theologies of Land and the Palestinian-Israeli Conflict* (Bajo la viña y la higuera: teologías bíblicas de la tierra y del conflicto palestino-israelí), editado por Alain Epp Weaver (disponible desde Cascadia), y el video "Dividing Wall" (Muro divisorio), producido por CCM (disponible a través de la página de recursos de MennoPIN en www.mennopin.org/congregational-resources).

1 SEMANA UNO
Una palabra de fe, esperanza y amor

1. Bienvenida y oración de apertura. (5 minutos)

2. Si no se han distribuido copias de *Kairós Palestina: plan de estudios de cuatro semanas para congregaciones* anteriormente, repártalas al comienzo de la clase.

3. El líder hace una presentación general del estudio y de *Kairós Palestina*. (5 minutos)

4. Divida a la clase en tres grupos. Pídale a un grupo que lea y dialoguen la sección 2 sobre la fe; que otro grupo lea y dialoguen la sección 3 sobre la esperanza y que el último grupo lea y dialoguen la sección 4 sobre el amor. (15 minutos)

5. Pídale a una persona de cada grupo que responda a la pregunta: ¿Qué elemento de la sección que discutieron los sorprendió o les llamó la atención como grupo? (10 minutos)

6. Realice un debate general de la clase utilizando las preguntas que surgen del grupo o bien las siguientes: (15 minutos)

   • ¿Es esta la manera habitual que entendemos lo que significan la fe, la esperanza y el amor?

- ¿De qué manera algunas interpretaciones bíblicas podrían transformar la Palabra viva en una "letra muerta" que es "utilizada ... como un arma que nos priva de nuestros derechos sobre nuestra propia tierra"? (2.2.2; 2.3.3.) ¿De qué forma algunas iglesias podrían estar dando "un envoltorio teológico" a la injusticia? (6.1)

- ¿De qué modo, el compromiso cristiano palestino con la no violencia activa en una situación de significativa injusticia desafía a los compromisos menonitas con el trabajo por la paz?

- *Kairós Palestina* ha sido llamado "Una carta desde una cárcel palestina". ¿Qué similitudes y diferencias encuentran entre la actual lucha palestina y la lucha por los derechos civiles en EE. UU. durante las décadas del 50 y el 60? ¿Les recuerda en algo a los escritos de Martin Luther King Jr.?

7. Concluya la clase y comparta la tarea para la semana siguiente, la cual consiste en leer la sección 1 de *Kairós Palestina* y las páginas 1 a 5 y 8 a 9 de este plan de clases. Haga una oración de cierre. (5 minutos)

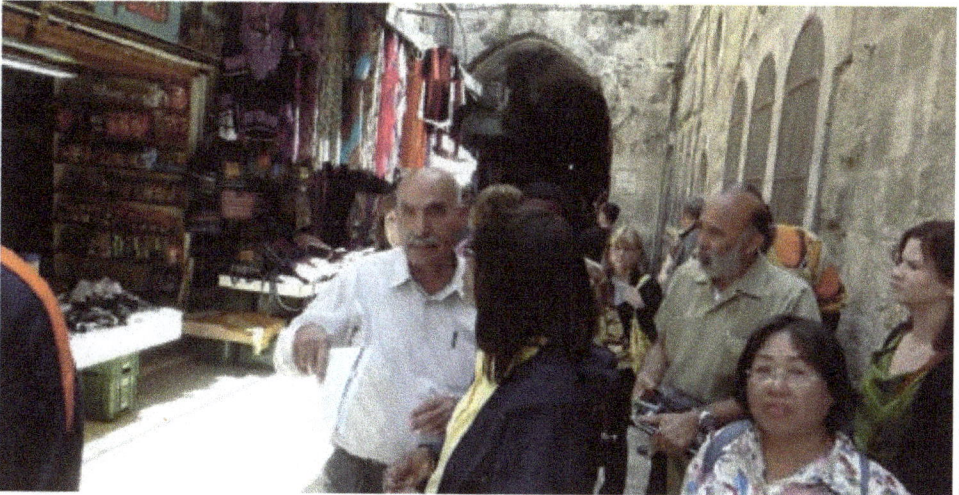

Los viajes "Vengan y vean" fueron iniciados por la junta ejecutiva de la Iglesia Menonita de EE. UU., que espera enviar a 100 líderes de la Iglesia Menonita a Israel/Palestina en un período de cinco años. Aquí, los participantes de un viaje de aprendizaje realizado en abril de 2015 hacen un recorrido político de la ciudad vieja de Jerusalén.

Foto: Mark Schildt

2 SEMANA DOS
La realidad sobre la tierra

1. Bienvenida y oración de apertura. (5 minutos)

2. El líder indica lo siguiente a cada participante: "Diríjase a la persona que está a su lado y comparta sus reacciones iniciales a la lectura asignada para hoy acerca de la realidad sobre la tierra". (5 minutos)

3. Debate de la clase acerca de la realidad sobre la tierra, utilizando preguntas que surjan del grupo o bien algunas de las siguientes: (30 minutos)

   - ¿Cuánto sabía usted acerca de la ocupación militar israelí de los territorios palestinos antes de leer *Kairós Palestina*?

   - ¿De qué modo las diversas leyes, políticas y prácticas de la ocupación militar israelí contribuyen a convertir "nuestras ciudades y nuestros pueblos en prisiones"? (1.1.1)

   - ¿Cómo responde a la comparación de la teología del Estado "*de facto*" de la ocupación, con la teología del Estado sudafricano del *apartheid*? ¿Qué nombre le daría usted a esta teología "*de facto*" del Estado?

   - Muestre los primeros 11 minutos del capítulo 2 ("The Big Picture") del DVD *Steadfast Hope* (disponible también a través del sitio web de IPMN en www.israelpalestinemissionnetwork.org/main/component/content/article/5/3 steadfast-hope).

   - Concluyendo comparta la tarea para la semana siguiente (leer las secciones 5 a 10 de *Kairós Palestina*) y haga una oración de cierre. (5 minutos)

3 SEMANA TRES
¿Qué espera el Señor de nosotros?

1. Bienvenida y oración de apertura. (5 minutos)

2. Pídale al grupo que anote en la pizarra preguntas y asuntos pendientes que hayan quedado de las dos últimas semanas. (10 minutos)

3. Debate general sobre lo siguiente: (35 minutos)

   - *Kairós Palestina* está dirigido a varios grupos distintos. ¿Qué mensaje particular se le da a cada audiencia específica? ¿Puede identificar alguna parte del texto dirigida a Fatá y Hamás (los dos principales partidos políticos de Palestina), a Israel y a EE. UU.? ¿Cuál es el mensaje para la Iglesia cristiana global?

- ¿Por qué *Kairós Palestina* acusa a la comunidad internacional de tener "estándares dobles" con Palestina e Israel? (sección 7)

- La sección 4.2.6 respalda un boicot económico y comercial de todo lo producido por la ocupación. La sección 7 exige "comenzar a aplicar a Israel un sistema de sanciones económicas y boicot". En 2013, la junta de EE. UU. del Comité Central Menonita decidió no invertir en compañías que se benefician de la violencia contra palestinos, israelíes y otros grupos. ¿Cuál es su respuesta al empleo de medidas económicas como forma de resistencia no violenta?

- ¿Qué secciones de *Kairós Palestina* podrían sonar bien, o perturbar a los miembros de su congregación?

- Algunos judíos estadounidenses han atacado a *Kairós Palestina* diciendo que deslegitima al Estado de Israel y que declara que el cristianismo reemplaza al pacto de Dios con los judíos. ¿Encontró usted alguna evidencia de esto al leer *Kairós Palestina*? ¿Piensa usted que *Kairós Palestina* cuestiona la validez del pacto de Dios con los judíos?

Sarah Thompson, obrera del Comité Central Menonita, junto a voluntarios organizados por Omar Haramy, de Sabeel, una organización asociada a CCM, para plantar olivos en la granja de la familia Nassar en Nahalin, Palestina, en 2011. Los Nassar son cristianos palestinos cuya tierra quedó bajo amenaza de ser confiscada por asentamientos israelíes cercanos.

Comité Central Menonita | Ryan Rodrick Beiler

4. Conclusión y oración final. (5 minutos)

④ SEMANA CUATRO
Actúa por la paz, ora por la paz

1. Bienvenida y oración de apertura. (5 minutos)

2. Vean "Children of the Nakba" (producido por el Comité Central Menonita, disponible en www.mennopin.org/congregational-resources). (25 minutos)

3. Comentario y debate general: (15 minutos)

- ¿Cómo puede responder usted, su congregación y su conferencia a esta confesión y llamado a la acción de nuestros hermanos y hermanas cristianos en la tierra natal de nuestro Salvador?

- Personalmente, ¿qué se siente llamado a hacer o compartir a raíz de este conocimiento?

- ¿Qué persona conocida suya cree usted que se beneficiaría con este estudio o estudio adicional del currículo *Steadfast Hope*?

4. Oraciones por la paz: (10 minutos)

- Oren por una paz justa para toda la gente de Israel y Palestina;

- Oren pidiendo sabiduría para los líderes de las naciones;

- Oren pidiendo fuerza y valentía para todos los que trabajan por la paz;

5. Cierre.

En abril de 2015, un viaje de aprendizaje de "Vengan y vean" integrado por personas de la Costa Oeste y organizado por la Iglesia Menonita de EE. UU. visitó el Centro Lajee de Belén.

Foto:Mark Schildt

SECCIÓN 4

Breve historia de la participación menonita en Palestina-Israel

Los menonitas han estado construyendo vínculos en Palestina-Israel durante más de 60 años, trabajando por la paz y la justicia junto a palestinos e israelíes. Luego de los horrores del Holocausto, muchos judíos recibieron con agrado la creación del Estado de Israel, viéndolo como un potencial lugar seguro. Sin embargo, la fundación de Israel en 1948 fue de la mano con el desposeimiento y desplazamiento masivo de más de 750 000 palestinos y la destrucción de más de 500 ciudades y pueblos palestinos.

En 1949, el **Comité Central Menonita** (CCM) respondió a esta nueva crisis de refugiados a través de la asistencia material y numerosos otros modos, incluyendo la educación y el desarrollo rural. Otro ejemplo fue la venta de prendas bordadas hechas por mujeres refugiadas palestinas, uno de los primeros productos vendidos por lo que finalmente se convirtió en la organización de comercio alternativo conocida como Ten Thousand Villages.

Con el correr de los años, CCM desarrolló lazos de amistad con las iglesias palestinas, acompañándolas en su ministerio, incluyendo coparticipaciones con la Escuela del Patriarcado Latino de Zababeda y el Colegio Bíblico de Belén. Desde la ocupación israelí de Jerusalén Este, Cisjordania y la Franja de Gaza en 1967, CCM ha apoyado el trabajo de palestinos e israelíes comprometidos con la no violencia y un futuro de paz, justicia y reconciliación para ambos pueblos. En 1969, la Sección de Paz de CCM organizó su primer viaje de estudios a Palestina-Israel. CCM ha seguido organizando delegaciones de Estados Unidos y Canadá, actualmente una cada año, señalando el importante rol de educar a los menonitas norteamericanos. CCM ha producido varias revistas, libros y recursos educativos, así como también ha colocado a cientos de obreros y voluntarios en Palestina-Israel. En 2013, la junta de CCM de EE. UU. decidió no invertir en compañías que se benefician de la violencia contra palestinos, israelíes u otros grupos.

La **Red Menonita de Misión** (MMN; antes llamada Junta Menonita de Misiones) ha tenido presencia en Palestina-Israel desde mediados de la década de 1950 en colaboración con **Misiones Menonitas del Este** (EMM; antes llamada Junta Menonita de Misiones y Beneficencia del Este). En un comienzo, esta tarea se enfocó en el trabajo junto al movimiento de judíos mesiánicos de Israel. Actualmente, el personal de MMN se desempeña junto al profesorado del Colegio de la Biblia de Israel. Desde mediados de la década de 1960, este trabajo también ha incluido la coparticipación con cristianos palestinos en el Hospital de Nazaret y en escuelas, así como la ayuda para crear la Villa Nazaret, la cual ha experimentado un caudal constante de voluntarios y visitantes norteamericanos.

Foto cortesía del Foro para el Desarrollo Al Najd

Voluntarios entregando colchones a familias que abrieron sus hogares a otros gazatíes desplazados por el conflicto entre Israel y Hamás en 2014. El Comité Central Menonita proveyó sábanas y suministros que la organización asociada Foro para el Desarrollo Al Najd distribuyó.

Los **equipos cristianos de acción por la paz** (ECAP) han tenido presencia en Hebrón, en la Cisjordania ocupada, desde 1994. Esta presencia ha incluido patrullas escolares que acompañan a los niños, monitoreando la violencia de colonos y las invasiones de soldados a las viviendas y trabajando contra la demolición de hogares. ECAP apoya la resistencia no violenta de palestinos ante la ocupación militar de Israel y educa a la iglesia en América del Norte. Entre las campañas educativas realizadas está la "Campaña por las viviendas seguras" (1997-2000, en cuyo primer año 58 iglesias se vincularon con familias palestinas), la campaña "Tent for Lent" (Carpas para la Cuaresma, marzo de 1999) y las campañas internacionales de redacción de cartas "Acción urgente". Cada año, ECAP organiza varias delegaciones a Palestina. También respaldó la campaña de boicot, desinversión y sanciones (BDS) de 2010.

Las instituciones educativas menonitas han expuesto a cientos de estudiantes menonitas a la situación de Palestina-Israel a través del trabajo académico de clase y viajes de aprendizaje. Durante décadas, **Eastern Mennonite University** (EMU) ha tenido semestres interculturales en Oriente Medio. Tanto **Bethel College** como **Bluffton University** envían una delegación año por medio. **Eastern Mennonite Seminary** también organiza periódicamente viajes de aprendizaje. Los campus de colegios universitarios y universidades menonitas también han brindado espacio para el activismo estudiantil a lo largo de los años. Los estudiantes de EMU iniciaron un grupo de "Estudiantes para la inversión moralmente responsable" que en noviembre de 2010 organizó un encuentro de estudiantes afuera de la reunión de la junta directiva de esta institución académica. En febrero de 2011, estudiantes de **Goshen College** construyeron en el campus una réplica del muro de separación de Israel y varios estudiantes visitaron e hicieron trabajo voluntario en Palestina aquel verano.

En 2007, la **Iglesia Menonita de EE. UU.** (MCUSA) organizó una delegación de líderes denominacionales de sus distintas agencias para visitar Palestina-Israel con el propósito de participar del debate sobre la desinversión. Como resultado, la delegación redactó una carta abierta titulada "Volviéndonos pacificadores en Israel/Palestina". La carta abierta fue presentada en la convención de la Iglesia Menonita de EE. UU. de 2007 en San José, CA. En 2011, la junta ejecutiva de la Iglesia Menonita de EE. UU. publicó una respuesta a *Kairós Palestina* con una carta a los cristianos palestinos, así como una carta a los miembros de la Iglesia Menonita de EE. UU. El primer viaje de "Vengan y vean", iniciado por la junta ejecutiva de la Iglesia Menonita de EE. UU. con la financiación de MMN, Everence y CCM EE. UU. se llevó a cabo en 2014, con la meta de enviar en viajes de aprendizaje a 100 líderes de la iglesia menonita en cinco años.

En 2013, se formó la **Red Menonita para Palestina-Israel** (MennoPIN) con el fin de apoyar la defensa y la acción, desarrollar y promover recursos educativos y unirse a las personas de fe y conciencia de todo el mundo que comparten la pasión por la paz y la justicia en Palestina-Israel. MennoPIN le ha dado particular atención al llamamiento de *Kairós Palestina* y a la creación de espacio -dentro de la Iglesia Menonita de EE. UU- para la defensa y la acción en la cuestión del boicot, la desinversión y las sanciones.

"Durante más de 65 años, los menonitas han vivido, estudiado y ministrado en Palestina e Israel. … Abrimos nuestro corazón cuando una vez más oímos acerca del sufrimiento que ustedes experimentan en una tierra ocupada, mientras les quitan sus hogares, mientras familias y comunidades quedan separadas por muros y puestos de control y cuando cada día padecen incontables situaciones de indignidad y humillaciones, grandes y pequeñas".

> — Fragmento de una carta de 2011 de parte de la junta ejecutiva de la Iglesia Menonita de EE. UU. en respuesta a *Kairós Palestina*

KAIRÓS PALESTINA | 2009

Un momento de verdad:
Una palabra de fe, esperanza y amor desde el corazón del sufrimiento palestino

Introducción

Nosotras/os, un grupo de palestinas/os cristianas/os, después de haber orado, reflexionado e intercambiado opiniones delante de Dios ante la prueba que vivimos sobre nuestra tierra bajo ocupación israelí, hacemos oír hoy nuestro grito, un grito de esperanza en ausencia de toda esperanza, unido a nuestro ruego y nuestra fe en Dios, quien vela, en su divina providencia, sobre todos los habitantes de esta tierra. Movidos por el misterio del amor de Dios por todas y todos, y el de su presencia divina en la historia de los pueblos y, más particularmente, en esta nuestra tierra, queremos proclamar hoy nuestra palabra como cristianas/os y como palestinas/os; una palabra de fe, de esperanza y de amor.

¿Por qué este documento ahora? Porque la tragedia palestina ha llegado hoy a un callejón sin salida. Porque los que tienen el poder de decisión se conforman con administrar la crisis, en lugar de actuar seriamente para solucionarla. Los corazones de los fieles están llenos de dolor, y nos estamos preguntando: ¿qué hace la comunidad internacional? ¿Qué hacen los líderes políticos en Palestina, en Israel y en el mundo árabe? Y ¿qué está haciendo la Iglesia? Porque no se trata simplemente de un problema político, sino, sobre todo, de las normas y prácticas dominantes que destruyen a la persona humana. Y eso concierne a la Iglesia.

Nos dirigimos a nuestros hermanos y hermanas de nuestras Iglesias aquí, en esta tierra. Así como también hacemos nuestro llamado, como palestinas/os y como cristianas/os, a nuestros líderes religiosos y políticos, a nuestra sociedad palestina y a la sociedad israelí, a los responsables de la comunidad internacional y a nuestros hermanos y hermanas de las Iglesias del mundo.

1. La realidad sobre la tierra

1.1 *"Dicen: '¡Paz! ¡Paz!' y no hay paz"* (Jer 6.14). Todos, en efecto, hablan de paz y de proceso de paz en Medio Oriente. Sin embargo, hasta ahora todo eso no es más que pura palabrería; la realidad es la ocupación israelí de los Territorios Palestinos, la privación de nuestra libertad y todo lo que resulta de ello:

1.1.1 El muro de separación construido sobre las tierras palestinas, que ha confiscado una gran parte de las mismas, ha convertido nuestras ciudades y nuestros pueblos en prisiones y ha hecho de ellos cantones separados y dispersos. Después de la cruel guerra iniciada por Israel en diciembre de 2008 y enero de 2009, la franja de Gaza continúa viviendo en condiciones inhumanas, bajo bloqueo permanente y aislada geográficamente del resto de los Territorios Palestinos.

1.1.2 Las colonias israelíes nos despojan de nuestra tierra en nombre de Dios mediante la fuerza, controlan nuestros recursos naturales, sobre todo el agua y las tierras agrícolas, privando a centenas de miles de palestinos. Ellas son hoy un obstáculo a cualquier solución política.

1.1.3 La realidad diaria es la humillación a la que somos sometidas/os cada día en los puntos de controles militares para llegar a nuestro trabajo, a nuestras escuelas o a nuestros hospitales.

1.1.4 La realidad es la separación entre los miembros de la misma familia, que hace imposible la vida familiar para miles de palestinas/os, especialmente cuando uno de los cónyuges no tiene un documento de identidad israelí.

1.1.5 La libertad religiosa está seriamente restringida; se niega la libertad de acceso a los lugares santos bajo el pretexto de la seguridad. Los lugares santos de Jerusalén son inaccesibles a un gran número de cristianas/os y musulmanas/es de Cisjordania y Gaza. Inclusive los que viven en Jerusalén no pueden acceder a sus lugares santos en ciertas festividades. Y a algunos de nuestros sacerdotes árabes, regularmente se les prohíbe entrar a Jerusalén.

1.1.6 Las y los refugiados también son parte de nuestra realidad. La mayoría vive todavía en campos de refugiados y en condiciones infrahumanas. Ellas/os han estado esperando por su derecho a retornar, generación tras generación; ¿cuál será su suerte?

1.1.7 Los miles de prisioneros que languidecen en las cárceles israelíes también son parte de nuestra realidad. Los israelíes mueven cielo y tierra para liberar a un solo prisionero suyo; y estos miles de prisioneros palestinos, ¿cuándo verán la libertad?

1.1.8 Jerusalén es el corazón de nuestra realidad. Ella es al mismo tiempo símbolo de paz y señal de conflicto. A medida que el muro de separación aísla a los barrios palestinos, Jerusalén continúa siendo vaciada de sus habitantes palestinas/os, tanto cristianos como musulmanes. Se les confisca su documento de identidad y así pierden su derecho a vivir en Jerusalén. Sus casas son demolidas o confiscadas. Jerusalén, ciudad de la reconciliación, se ha convertido en una ciudad de discriminación y exclusión, fuente de conflicto en lugar de paz.

1.2 También parte de nuestra realidad, es el hecho de que Israel desprecia las resoluciones y el derecho internacional; igual burla es la parálisis tanto del mundo árabe como de la comunidad internacional ante este desprecio. A pesar de los múltiples informes de las organizaciones locales e internacionales de derechos humanos, la violación y la opresión continúan.

1.2.1 Las y los palestinos dentro del Estado de Israel, siendo ciudadanas/os con todos los derechos y los deberes de la ciudadanía, han padecido una injusticia histórica y siguen sufriendo discriminación. Ellas/os también están esperando gozar de todos los derechos y ser tratadas/os con igualdad como todos los ciudadanos del Estado.

1.3 La emigración es otra dimensión de nuestra realidad. La ausencia de toda visión o esperanza de paz y libertad ha empujado a las y los jóvenes, cristianas/os y musulmanes, a la emigración. Así, la patria es privada de su recurso más rico e importante: la juventud culta. En particular, la disminución de las y los cristianos en Palestina es una de las graves consecuencias tanto del conflicto como de la parálisis y el fracaso local e internacional en encontrar una solución.

1.4 Frente a estas realidades, Israel pretende justificar todas sus acciones como de legítima defensa, incluyendo la ocupación, los castigos colectivos y las represalias de todo tipo contra las/os palestinas/os. Esta visión es, a nuestro entender, una inversión de la realidad: sí, hay una resistencia palestina a la ocupación; pero precisamente, si no hubiera ocupación, no habría resistencia; ni tampoco miedo ni inseguridad. Así es como entendemos la situación y por eso llamamos a los israelíes a poner fin a la ocupación. Verán entonces un mundo nuevo en el que no habrá miedo ni amenazas, sino seguridad, justicia y paz.

1.5 La respuesta palestina frente a esta realidad ha sido diversa. Algunos han elegido la vía de las negociaciones: fue la posición oficial de la Autoridad Palestina. Pero eso no ha hecho avanzar el proceso de paz. Otros partidos políticos han seguido el camino de la resistencia armada. Israel ha usado eso como pretexto para acusar a los palestinos de ser terroristas y ha podido alterar la verdadera naturaleza del conflicto, presentándolo como una guerra de Israel contra el terrorismo y no como una ocupación israelí a la cual una resistencia palestina legítima se enfrenta para ponerle fin.

1.5.1 El conflicto interno entre los mismos palestinos, así como la separación de la franja de Gaza del resto de los Territorios Palestinos no ha hecho más que agravar la tragedia. Es digno de notar también que, si bien la división se dio entre los mismos palestinos, la comunidad internacional tiene una responsabilidad importante, por haberse negado a tratar positivamente con la voluntad del pueblo palestino expresada en los resultados de las elecciones realizadas democrática y legalmente en 2006.

Una vez más, proclamamos que nuestra palabra cristiana al centro de todo esto, en medio de nuestra catástrofe, es una palabra de fe, de esperanza y de amor.

2. Una palabra de fe

Nosotros creemos en un Dios, bueno y justo

2.1 Nosotros creemos en un único Dios, Creador del universo y de la humanidad. Creemos en un Dios bueno, justo y amante de todas sus criaturas. Creemos que cada persona humana es creada por Dios a su imagen y semejanza; su dignidad proviene de la de Dios y es igual en cada persona humana. Eso quiere decir para nosotros aquí y ahora, en esta tierra en particular, que Dios nos ha creado, no para la guerra y el conflicto, sino para que nos conozcamos y nos amemos unos a otros y construyamos juntos esta tierra con amor y respeto mutuos.

2.1.1 Creemos en su Verbo Eterno, su Hijo Único Jesucristo, que ha sido enviado como Salvador del mundo.

2.1.2 Creemos en el Espíritu Santo que acompaña a la Iglesia y la humanidad en su camino. Es él quien nos ayuda a comprender las Escrituras, en los dos Testamentos, formando una sola unidad, hoy y aquí. El Espíritu manifiesta la revelación de Dios a la humanidad, en el pasado, en el presente y en el futuro.

¿Cómo entendemos la Palabra de Dios?

2.2 Nosotros creemos que Dios habló a la humanidad aquí en nuestra tierra: *"En otros tiempos Dios habló a nuestros antepasados muchas veces y de muchas maneras por medio de los profetas. Ahora, en estos tiempos que son los últimos, nos ha hablado a través de su Hijo, mediante el cual creó los mundos, y al cual ha hecho heredero de todas las cosas"* (Heb. 1:12).

2.2.1 Nosotras/os, palestinas/os cristianas/os, como todos los cristianos del mundo, creemos que Jesucristo ha venido a cumplir la Ley y los Profetas. El es el Alfa y la Omega, el Principio y el Fin. Iluminados por él y conducidos por el Espíritu Santo, leemos las Escrituras, meditamos sobre ellas y las interpretamos, como lo hizo Jesús con los dos discípulos de Emaús: *"Y comenzando por Moisés y continuando con todos los Profetas, les interpretó en todas las Escrituras lo que se refería a él"* (Luc. 24:27).

2.2.2 Cristo vino a proclamar que el Reino de Dios está cerca y provocó una revolución en la vida y en la fe de la humanidad. Nos trajo una *"enseñanza nueva"* (Marcos 1:27) y una luz nueva para comprender el Antiguo Testamento y los principales temas que tienen relación con nuestra fe cristiana y nuestra vida cotidiana, tales como las promesas, la elección, el pueblo de Dios y la tierra. Creemos que la Palabra de Dios es una palabra viviente que echa una luz nueva sobre cada uno de los períodos de la historia, manifestando a los creyentes lo que Dios nos dice aquí y ahora. Por eso es inaceptable transformar la Palabra de Dios en letras de piedra que desfiguran el amor y la providencia de Dios para la vida de las personas y los pueblos. Este es precisamente el error de las interpretaciones bíblicas fundamentalistas, que nos llevan a la muerte y a la destrucción cuando petrifican la Palabra de Dios y la transmiten de generación en generación como palabra muerta. Esta letra muerta es utilizada en nuestra historia presente como un arma, para privarnos de nuestros derechos sobre nuestra propia tierra.

Propósito universal de nuestra tierra

2.3. Nosotros creemos que nuestra tierra tiene un cometido universal. En esta visión de universalidad, el significado de las promesas, de la tierra, de la elección y del pueblo de Dios se amplía para incluir a toda la humanidad, empezando por los pueblos de esta tierra. La promesa de la tierra no fue nunca un programa político, sino una introducción a la salvación universal; fue el comienzo de la realización del Reino de Dios en la tierra.

2.3.1 Dios envió a esta tierra a los patriarcas, a los profetas y a los apóstoles como portadores de un mensaje universal. Hoy constituimos tres religiones en esta tierra: judía, cristiana y musulmana. Nuestra tierra es tierra de Dios, como lo son todos los países del mundo. Es santa en la medida en que Dios está presente en ella, pues sólo Dios es santo y santificador. Es deber de quienes habitamos aquí respetar la voluntad de Dios para esta tierra y liberarla del mal de la guerra y la injusticia. Es la tierra de Dios y por tanto debe ser tierra de reconciliación, de paz y de amor. Y eso es posible. Dios nos ha puesto aquí como dos pueblos y también nos da la capacidad, si tenemos la voluntad, de vivir juntos, de establecer la justicia y la paz y de hacer de ella realmente una tierra de Dios: *"Del Señor es la tierra y todo lo que hay en ella, el mundo y todos sus habitantes"* (Sal. 24:1).

2.3.2 Nuestra presencia en esta tierra, como palestinos cristianos y musulmanes, no es accidental, sino que tiene raíces profundas en la historia y la geografía de esta tierra, como la conexión que cualquier otro pueblo tiene con la tierra en la que habita. Al expulsarnos, se cometió una injusticia contra nosotros. Occidente quiso compensar a los judíos por lo que habían sufrido en los países de Europa, pero lo hizo a cuenta nuestra y en nuestra tierra. Trataron de corregir una injusticia creando otra.

2.3.3 Más aún, sabemos que ciertos teólogos de Occidente tratan de darle legitimidad teológica y bíblica a la injusticia cometida contra nosotros. Así, de acuerdo con sus interpretaciones, las promesas se han convertido en una amenaza para nuestra existencia misma. La "buena noticia" del evangelio se ha convertido en un "anuncio de muerte" para nosotros. Exhortamos a estos teólogos a profundizar su reflexión sobre la Palabra de Dios y a rectificar sus interpretaciones, para que vean en la Palabra de Dios una fuente de vida para todos los pueblos.

2.3.4 Nuestra conexión con esta tierra es un derecho natural. No es sólo una cuestión ideológica o teológica: es una cuestión de vida o muerte. Algunos no están de acuerdo con nosotros e incluso nos consideran enemigos sólo porque afirmamos que queremos vivir libres en nuestra tierra. Padecemos la ocupación de nuestra tierra por ser palestinas/os, y como cristianas/os sufrimos por la interpretación equivocada de algunos teólogos. Ante esto, nuestra tarea consiste en salvaguardar la Palabra de Dios como fuente de vida y no de muerte, para que la "buena noticia" siga siendo lo que es: una "buena noticia" para nosotros y para todas las personas. Frente a quienes usan la Biblia para amenazar nuestra existencia como palestinos cristianos y musulmanes, renovamos nuestra fe en Dios, porque sabemos que la Palabra de Dios no puede ser la fuente de nuestra destrucción.

2.4 Por lo tanto, afirmamos que cualquier uso de la Biblia para legitimar o apoyar posiciones u opciones políticas basadas en la injusticia, impuestas por una persona sobre otra o por un pueblo sobre otro, convierte a la religión en una ideología humana y despoja a la Palabra de Dios de su santidad, su universalidad y su verdad.

2.5 También afirmamos que la ocupación israelí de los territorios palestinos es un pecado contra Dios y contra la humanidad, porque priva a las y los palestinos de los derechos humanos fundamentales que Dios les ha concedido. La ocupación desfigura la imagen de Dios tanto en el ocupante israelí como en el palestino que vive bajo la ocupación. Afirmamos que cualquier teología que legitima la ocupación -ya sea supuestamente basada en la Biblia, en la fe o en la historia- está muy lejos de las enseñanzas cristianas, porque llama a la violencia y a la guerra santa en nombre del Dios Todopoderoso, subordinando a Dios a los intereses humanos temporales y deformando la imagen divina en los seres humanos que viven bajo una doble injusticia: política y teológica.

3. La esperanza

3.1 Aunque no haya siquiera un atisbo de expectativas positivas, nuestra esperanza permanece firme. La presente situación no promete ninguna solución cercana ni el fin de la ocupación que nos es impuesta. Sí, las iniciativas, las conferencias, las visitas y las negociaciones se han multiplicado, pero todo eso no ha sido seguido por ningún cambio en nuestra realidad y en nuestros sufrimientos. Incluso la nueva actitud norteamericana anunciada por el presidente Obama y su voluntad manifiesta de poner fin a este drama han sido incapaces de traer algún cambio. La respuesta israelí, que rechaza claramente cualquier solución, no deja ningún espacio para el optimismo. A pesar de eso, nuestra esperanza permanece firme, porque está anclada en Dios. Sólo Dios es bueno, omnipotente y nos ama, y su bondad acabará por vencer un día el mal en que vivimos. Como dijo San Pablo: *"Si Dios está con nosotros ¿quién estará contra nosotros? ¿Quién nos separará del amor de Cristo? ¿La tribulación?, ¿la angustia?, ¿la persecución?, ¿el hambre?, ¿la desnudez?, ¿los peligros?, ¿la espada? Como dice la Escritura: Por tu causa nos matan todo el tiempo (...) Estoy convencido de que ninguna criatura podrá separarnos del amor de Dios"* (Rom. 8:31, 35, 36, 39).

¿Cuál es el significado de la esperanza?

3.2 La esperanza que está en nosotros significa, en primer lugar, creer en Dios; en segundo lugar, nuestra expectativa de un futuro mejor a pesar de todo; y en tercer lugar, no fundar nuestra esperanza sobre ilusiones, pues sabemos que la solución no está cerca. Esperanza es la capacidad de ver a Dios en medio de las dificultades y de obrar con el Espíritu Santo que habita en nosotros. A partir de esta visión sacamos fuerza para perseverar, para permanecer firmes y trabajar para cambiar la realidad en la que nos encontramos. Esperanza quiere decir no rendirse delante del mal, sino enfrentarlo y continuar resistiendo. Vemos destrucción y ruina en el presente y en el futuro. Vemos la tiranía del más fuerte, su creciente inclinación hacia la separación racista y la imposición de leyes que niegan nuestra dignidad y nuestra existencia. Vemos confusión y división en la posición palestina. Y sin embargo, si hoy resistimos y trabajamos con todas nuestras fuerzas, quizás la destrucción que se insinúa en el horizonte no tenga lugar.

Señales de esperanza

3.3 La Iglesia en nuestra tierra, sus líderes y sus fieles, a pesar de su debilidad y sus divisiones, muestra ciertos signos de esperanza. Nuestras comunidades parroquiales están llenas de vida, y la mayoría de nuestras/os jóvenes son apóstoles activos de la justicia y la paz. Además del compromiso individual, las diferentes instituciones de las Iglesias hacen que nuestra fe sea una presencia activa, de servicio, de oración y de amor.

3.3.1 Entre las señales de esperanza están los numerosos centros locales de teología, de carácter social y religioso, en nuestras Iglesias. El espíritu ecuménico, a pesar de ciertas vacilaciones, se manifiesta cada vez más en los encuentros entre las diferentes familias de iglesias.

3.3.2 Podemos agregar a esto los numerosos encuentros de diálogo interreligioso: el diálogo cristiano-musulmán, donde participan los líderes y una parte del pueblo. Sabemos no obstante, que el diálogo es un proceso largo que mejora a través del esfuerzo diario, en la medida que compartimos los mismos sufrimientos y expectativas. También hay diálogo entre las tres religiones: judaísmo, cristianismo e islam, así como otros diálogos a diferentes niveles académicos o sociales. Todos tratan de abrir brechas en los muros impuestos por la ocupación y de oponerse a la percepción distorsionada del ser humano en el corazón de sus hermanos y hermanas.

3.3.3 Uno de los signos de esperanza más importantes es la perseverancia de las generaciones, la fe en la justicia de su causa y la tenacidad de la memoria que no olvida la "Nakba" (catástrofe) y su significado. Igual de significativa es la creciente toma de conciencia de numerosas Iglesias en todo el mundo que desean conocer mejor la verdad de lo que ocurre aquí.

3.3.4 Además, vemos en muchas personas la voluntad decidida de ir más allá de los rencores del pasado y de estar listas para la reconciliación, una vez que sea restablecida la justicia. La conciencia pública sobre la necesidad de restaurar los derechos nacionales y políticos del pueblo palestino está creciendo. Cada vez más voces judías e israelíes por la paz y la justicia se levantan en este sentido, con el apoyo de la comunidad internacional. Es verdad que estas fuerzas a favor de la justicia y la reconciliación todavía no han podido transformar la situación de injusticia; pero su influencia puede abreviar el tiempo de sufrimiento y acercar el tiempo de la reconciliación.

Misión de la iglesia

3.4 La nuestra es una Iglesia de hombres y mujeres que invocan y sirven. Su oración y su servicio son una profecía que lleva la voz de Dios en el presente y en el futuro. Todo lo que ocurre en nuestra tierra, cada persona que la habita, todos los sufrimientos y esperanzas, todas las injusticias y todos los esfuerzos para ponerles fin, forman parte de la oración de nuestra Iglesia y del servicio que prestan todas sus instituciones. Agradecemos a Dios por la Iglesia que levanta su voz contra la injusticia, a pesar de que algunos querrían que permaneciese en silencio, encerrada en sus devociones religiosas.

3.4.1 La misión de la Iglesia es profética, que proclama la Palabra de Dios con valentía, honestidad y amor en el contexto local y en medio de los acontecimientos cotidianos. Y si toma partido, lo hace por los oprimidos; ella permanece a su lado, así como Jesús nuestro Señor se puso del lado del pobre y del pecador, invitándoles al arrepentimiento, a la vida y a recuperar la dignidad que Dios les ha dado y que nadie tiene derecho a quitarles.

3.4.2 La misión de la Iglesia consiste en anunciar el reino de Dios, un reino de justicia, de paz y de dignidad. Nuestra vocación como Iglesia viviente es de manifestar la bondad de Dios y la dignidad de la persona humana. Estamos llamadas/os a orar y a hacer oír nuestra voz para anunciar una nueva sociedad donde las personas creen en su propia dignidad y en la de sus adversarios.

3.4.3 La Iglesia anuncia el reino de Dios, que no puede ser ligado a ningún régimen terrenal. Jesús dijo delante de Pilato que sí era rey, pero: *"mi reino no es de este mundo"* (Jn. 18:36). Y San Pablo dice: *"El reino de Dios no es comida ni bebida, sino justicia, paz y alegría en el Espíritu Santo"* (Rom. 14:17). Por lo tanto, la religión no puede apoyar o favorecer a ningún régimen político injusto, sino promover la justicia, la verdad y la dignidad humana. Debe esforzarse por purificar los regímenes donde las personas sufren injusticia y la dignidad humana es violada. El reino de Dios en la tierra no depende de ninguna orientación política, porque es más grande y más inclusivo que cualquier sistema político en particular.

3.4.4 Jesucristo dijo: *"El reino de Dios está entre vosotros"* (Luc. 17:21). Este reino presente en nosotros y entre nosotros es la extensión del misterio de la salvación. Es la presencia de Dios entre nosotros y la conciencia de ello en todo lo que hacemos o decimos. Es delante de esta presencia divina que haremos todo lo que podamos para alcanzar la justicia en esta tierra.

3.4.5 Las duras circunstancias en que ha vivido y vive todavía la Iglesia palestina le han exigido purificar su fe y discernir mejor su vocación. Hemos reflexionado sobre nuestra vocación y la hemos descubierto mejor en medio del sufrimiento y del dolor: hoy llevamos en nosotros la fortaleza del amor, no la de la venganza; llevamos una cultura de vida, no de muerte. Eso es una fuente de esperanza para nosotras/os, para la Iglesia y para el mundo.

3.5 La resurrección es la fuente de nuestra esperanza. Así como Jesús resucitó vencedor de la muerte y del mal, nosotros también podemos, al igual que todos los habitantes de esta tierra, vencer el mal de la guerra. Nosotros/as seguiremos siendo una Iglesia de testigos, perseverante y activa en la tierra de la resurrección.

4. El amor

El mandamiento del amor

4.1 Cristo el Señor dijo: *"Ámense los unos a los otros como yo les he amado"* (Jn. 13:24). Él nos mostró cómo amar y tratar a nuestros enemigos cuando dijo: *"Ustedes han oído que se dijo: 'Amarás a tu prójimo y odiarás a tu enemigo'. Pues yo les digo: amen a sus enemigos y oren por los que les persiguen, así podrán ser hijos de su Padre celestial, que hace salir el sol sobre malos y buenos, y llover sobre justos e injustos. (...) Sean perfectos, pues, como su padre celestial es perfecto"* (Mt. 5:45-47). También San Pablo dijo: *"No devuelvan mal por mal"* (Rom. 12:17). Y San Pedro dijo: *"No devuelvan mal por mal, ni injuria por injuria; al contrario, retribuyan con bendiciones. Es para esto que ustedes fueron llamados"* (1ª Ped. 3:9).

La resistencia

4.2 La palabra es clara. Amor es el mandamiento que nos dio Cristo nuestro Señor e incluye tanto a los amigos como a los enemigos. Esto debe estar claro cuando nos encontramos en circunstancias en que tenemos que resistir al mal, cualquiera sea este.

4.2.1 Amar es ver el rostro de Dios en cada ser humano. Cada persona es mi hermano o mi hermana. No obstante, ver el rostro de Dios en todas las personas no significa aceptar el mal o la opresión de su parte. El amor consiste más bien en corregir el mal y frenar la agresión. La agresión contra el pueblo palestino que es la ocupación israelí es un mal al que hay que resistir. Es un mal y un pecado que debe ser resistido y eliminado. Esta responsabilidad incumbe ante todo a los mismos palestinos que sufren la ocupación. El amor cristiano nos llama a resistirla; pero el amor acaba con el mal tomando la senda de la justicia. La responsabilidad recae también en la comunidad internacional, porque la legislación internacional gobierna hoy las relaciones entre los pueblos. Y finalmente, la responsabilidad les corresponde a los opresores; ellos deben liberarse del mal que está en ellos y de la injusticia que han impuesto sobre otros.

4.2.2 Cuando revisamos la historia de las naciones, encontramos muchas guerras, y mucha resistencia a la guerra mediante la guerra, y a la violencia mediante la violencia. El pueblo palestino tomó la senda de todos los pueblos, sobre todo en las primeras fases de su lucha contra la ocupación israelí. Pero también ha resistido pacíficamente, especialmente durante la primera Intifada. Reconocemos que todos los pueblos deben buscar nuevos caminos para relacionarse entre sí y para solucionar sus conflictos. La fuerza debe dejar lugar a la justicia. Esto aplica en primer lugar a los pueblos militarmente fuertes, que con poder suficiente imponen su injusticia sobre los más débiles.

4.2.3 Señalamos que nuestra opción como cristianos/as frente a la ocupación israelí es la resistencia. La resistencia es un derecho y un deber para las y los cristianos; pero es una resistencia según la lógica del amor. Ella debe ser, por tanto, una resistencia creativa, pues debe encontrar medios humanos que apelen a la humanidad del enemigo. Ver la imagen de Dios en el rostro del enemigo significa adoptar formas de resistencia activa para frenar la injusticia y obligar al perpetrador a poner fin a su agresión y, así, alcanzar el fin deseado: recuperar la tierra, la libertad, la dignidad y la independencia.

4.2.4 Cristo nos ha dado un ejemplo que debemos imitar. Tenemos que resistir al mal, pero él nos enseñó que no podemos resistir al mal con mal. Es un mandamiento difícil, sobre todo cuando el enemigo se obstina en su tiranía y persiste en negar nuestro derecho a existir aquí en nuestra tierra. Es un mandamiento difícil; pero es el único que puede hacer frente a las declaraciones claras y explícitas de las autoridades israelíes que rechazan nuestra existencia, o a sus diversos pretextos para continuar imponiendo la ocupación sobre nosotros.

4.2.5 La resistencia al mal de la ocupación es parte integral, entonces, de ese amor cristiano que rechaza al mal y lo corrige. Es la resistencia al mal en todas sus formas, con medios que entran en la lógica del amor y apuestan todas las energías para hacer la paz. Podemos recurrir a la desobediencia civil. No resistimos con la muerte, sino respetando la vida. Respetamos y sentimos una alta estima por todos los que han dado su vida por la patria. Y afirmamos que todo/a ciudadano/a debe estar preparado/a para defender su vida, su libertad y su tierra.

4.2.6 Organizaciones civiles palestinas e internacionales, oenegés y algunas instituciones religiosas instan a individuos, a las empresas y a las naciones a la desinversión y al boicot económico y comercial a todos los productos de la ocupación. Consideramos que esto es integral a la lógica de la resistencia pacífica. Estas campañas de defensa deben llevarse a cabo con valentía, proclamando sincera y claramente que su objetivo no es la venganza, sino poner fin al mal existente, para liberar al opresor y al oprimido. El objetivo es liberar a los dos pueblos de las posiciones extremistas de los diferentes gobiernos israelíes, para alcanzar la justicia y la reconciliación. Con este espíritu y este compromiso, llegaremos finalmente a la solución tan esperada, como ocurrió en Sudáfrica y con otros movimientos de liberación en el mundo.

4.3 A través del amor venceremos las injusticias y sentaremos las bases de una nueva sociedad, para nosotras/os y para nuestros adversarios. Nuestro futuro y el de ellos es uno solo: o un círculo de violencia que nos destruya a ambos, o una paz de la cual gocemos juntos. Invitamos a Israel a renunciar a su injusticia contra nosotros/as, a no deformar la verdad de la ocupación presentándola como una guerra contra el terrorismo. Las raíces del "terrorismo" están en la injusticia cometida y en el mal de la ocupación. Es necesario que ella desaparezca si verdaderamente hay intención de ponerle fin al "terrorismo". Exhortamos a las y los israelíes a ser nuestros socios en la paz y no en un ciclo de violencia sin fin. Resistamos juntos al mal de la ocupación y del ciclo infernal de la violencia.

5. Nuestra palabra a nuestros hermanos y hermanas en la fe

5.1 Estamos hoy en un callejón sin salida, y nos encontramos ante un futuro que solo promete aflicción. Nuestra palabra para nuestros hermanos y hermanas en la fe es una palabra de esperanza, de paciencia, de perseverancia y de acción por un futuro mejor. Una palabra que nos dice: como cristianos somos en esta tierra, portadores de un mensaje, y continuaremos llevándolo, a pesar de las espinas, la sangre y las dificultades cotidianas. Ponemos nuestra esperanza en Dios, pues él es quien nos concederá la paz cuando llegue su hora. Al mismo tiempo, según su voluntad, continuamos trabajando y construyendo con él, resistiendo al mal y acercando la hora de la justicia y la paz.

5.2 Decimos a nuestras hermanas y hermanos cristianos: este es un tiempo de arrepentimiento que nos regresa a la comunión de amor con todo ser sufriente, con los prisioneros, los heridos, los que han sido alcanzados por una discapacidad temporal o permanente, con los niños que no pueden vivir su infancia y con todas y todos los que lloran a un ser querido. La comunión del amor le dice al creyente en espíritu y en verdad: si mi hermano está preso, yo estoy preso; si su casa es destruida, mi casa también lo es; si mi hermano es asesinado, soy yo quien he sido asesinado. Enfrentamos los mismos desafíos y compartimos todo lo que ha pasado y lo que va a pasar. Quizás como creyentes o como líderes de las iglesias callamos cuando debimos haber levantado la voz para condenar la injusticia y compartir el sufrimiento. Ahora es el tiempo de arrepentirnos por nuestro silencio, indiferencia y falta de comunión, ya sea porque no hemos sido fieles a nuestra misión en esta tierra y la abandonamos, o porque no hemos reflexionado y actuado lo suficiente para llegar a una visión nueva e integrada, y así nos hemos dividido, contradiciendo nuestro testimonio y debilitando nuestra palabra. Arrepentimiento por habernos preocupado de nuestras instituciones a expensas de nuestra misión, habiendo hecho callar de ese modo la voz profética que el Espíritu ha dado a las Iglesias.

5.3 Llamamos a la hermandad cristiana a perseverar en estos tiempos difíciles, como lo hemos hecho a través de los siglos y la sucesión de Estados y gobiernos. Sean pacientes, constantes, llenos de esperanza, para poder llenar de esa esperanza el corazón de cada hermano y cada hermana que comparte con ustedes la misma prueba. Estén *"Siempre prontos a dar a quien les pregunta la razón de la esperanza que hay en ustedes"* (1ª Ped. 3:15). Estén siempre activos/as, compartiendo todos los sacrificios que requiere la resistencia según la lógica del amor, a fin de triunfar sobre el mal que padecemos.

5.4 Nuestro número es pequeño, pero nuestro mensaje es grande e importante. Nuestra tierra tiene una urgente necesidad de amor. Nuestro amor es un mensaje para las y los musulmanes, para las y los judíos y para el mundo.

5.4.1 Nuestro mensaje para las y los musulmanes es un mensaje de amor y convivencia, y un llamado a rechazar el fanatismo y el extremismo. También es un mensaje al mundo, para decirle que no se debe estereotipar a los musulmanes como el enemigo, ni caricaturizarlos como terroristas, sino convivir en paz y dialogar con ellos.

5.4.2 Nuestro mensaje para los judíos es que, aunque en el pasado reciente hemos luchado y todavía hoy en día seguimos peleándonos, somos capaces de amar y vivir juntos. Somos capaces de organizar nuestra vida política, con todas sus complejidades, según la lógica y la fuerza del amor, una vez que la ocupación termine y la justicia se restablezca.

5.4.3 La palabra de la fe dice a todos/as quienes están embarcados/as en la acción política: los seres humanos no fueron creados para odiar. No está permitido odiar, ni está permitido matar ni dejarse matar. La cultura del amor es la cultura de la aceptación del otro. Por ella nos perfeccionamos y establecemos las bases de la sociedad.

6. Llamado a las Iglesias del mundo

6.1. Nuestra palabra a las Iglesias del mundo es ante todo una palabra de gratitud por su solidaridad, por su acción y por su presencia entre nosotros. Es una palabra de apreciación por la posición de muchas Iglesias y cristianos/as que apoyan el derecho del pueblo palestino a su autodeterminación. Es también un mensaje de solidaridad con las Iglesias y cristianos/as que han sufrido por defender el derecho y la justicia. Sin embargo, es también un llamado al arrepentimiento, y a la revisión de algunas posiciones teológicas fundamentalistas que sustentan posiciones políticas injustas respecto al pueblo palestino. Es un llamado a ponerse al lado de los oprimidos y a hacer que la Palabra de Dios siga siendo un anuncio de buena noticia para todos/as, en lugar de transformarla en un arma que mata al oprimido. La Palabra de Dios es una palabra de amor para toda su creación. Dios no es aliado de unos contra otros, ni el adversario de unos frente a otros. Él es el Señor de todos/as y ama a todos/as; a todos/as nos exige justicia y nos ha dado los mismos mandamientos. Es por esto que pedimos a las Iglesias hermanas que no den un brochazo teológico a la injusticia que sufrimos, es decir, al pecado de la ocupación que nos es impuesta. Nuestra pregunta hoy a nuestros hermanos y hermanas de todas las Iglesias es la siguiente: ¿están dispuestos a ayudarnos a recuperar nuestra libertad? Porque sólo de esta manera podrán ayudar a los dos pueblos de esta tierra a alcanzar la justicia, la paz, la seguridad y el amor.

6.2 Y, para comprender nuestra realidad, decimos a las Iglesias: ¡Vengan y vean! Nuestra misión consiste en hacerles conocer la verdad de nuestra realidad, y en acogerles como peregrinos/as que vienen a orar y cumplir una misión de paz, de amor y de reconciliación. Así conocerán los hechos y a la gente de esta tierra, tanto palestinos como israelíes.

6.3 Condenamos toda forma de racismo, ya sea religioso o étnico, incluyendo el antisemitismo y la islamofobia, y les invitamos a condenarlo y a oponerse a todas sus manifestaciones. Al mismo tiempo les exhortamos a decir la verdad y a tomar posiciones a favor de la verdad respecto a la ocupación israelí del territorio palestino. Como ya hemos dicho, vemos al boicot y al retiro de las inversiones como medios no violentos para alcanzar la justicia, la paz y la seguridad para todos/as.

7. Llamado a la comunidad internacional

Pedimos a la comunidad internacional que deje la práctica del "doble rasero" o "doble estándar" y exija que todas las partes respeten las resoluciones internacionales sobre la cuestión palestina. La aplicación del derecho internacional a unos y su no aplicación a otros nos deja vulnerables ante la ley de la selva. Esto justifica también los argumentos de ciertos grupos armados y países que afirman que la comunidad internacional sólo comprende el lenguaje de la fuerza. Por eso les pedimos que respondan al llamado de las organizaciones civiles y religiosas mencionado más arriba: comenzar a aplicar a Israel un sistema de sanciones económicas y boicot. Lo repetimos una vez más: no se trata de venganza, sino de una acción seria para llegar a una paz justa y definitiva que ponga fin a la ocupación israelí de los Territorios Palestinos y de otros territorios árabes ocupados, y que garantice la seguridad y la paz para todos.

8. A los líderes religiosos judíos y musulmanes

Dirigimos finalmente un llamado a los líderes religiosos y espirituales, judíos y musulmanes, con quienes compartimos la misma visión de que toda persona humana es creada por Dios y ha recibido de Él la misma dignidad. De allí la obligación de defender a los oprimidos y la dignidad que Dios les ha otorgado. Tratemos juntos de elevarnos por encima de las posiciones políticas que han fracasado hasta ahora y que continúan conduciéndonos por la senda del fracaso y del sufrimiento.

9. Llamado a nuestro pueblo palestino y al pueblo israelí

9.1 Este es un llamado a ver el rostro de Dios en cada una de sus criaturas y a superar las barreras del miedo o de la raza, para establecer un diálogo constructivo y no permanecer encerrados en el círculo de maniobras interminables cuya finalidad es mantener las cosas como están. Nuestro llamado busca llegar a una visión común construida sobre la igualdad y el compartir, no sobre la supremacía, la negación del otro o la agresión, bajo el pretexto del miedo y la seguridad. Nosotros/as decimos que el amor es posible y que la confianza mutua es posible. La paz, pues, es posible y también la reconciliación definitiva. Así alcanzaremos la seguridad y la justicia para todos/as.

9.2 La educación es importante. Los programas educativos deben ayudarnos a conocer al otro o la otra tal como es, y no a través del prisma del conflicto, la hostilidad o el fanatismo religioso. Los actuales programas educativos están infectados de esta hostilidad. Es tiempo de empezar una nueva educación que nos permita ver el rostro de Dios en el otro y afirme que somos capaces de amarnos los unos a los otros y de construir juntos/as nuestro futuro en paz y seguridad.

9.3 Tratando de hacer del estado un estado religioso, ya sea hebreo o musulmán, ahoga al Estado, lo confina dentro de límites estrechos y lo convierte en un Estado que practica la exclusión y la discriminación, al preferir a unos/as ciudadanos/as sobre otros/as. Nuestra apelación a los religiosos judíos y musulmanes es la siguiente: que el Estado sea para todos/as sus ciudadanos/as, construido sobre el respeto de la religión, pero también sobre la igualdad, la justicia, la libertad y el respeto al pluralismo, no sobre la dominación de una religión o una mayoría numérica.

9.4 A los líderes palestinos les decimos que las divisiones actuales nos debilitan a todos y aumentan más nuestros sufrimientos. Nada puede justificar estas divisiones. Por el bien del pueblo, que debe primar sobre el de los partidos, se debe poner fin a la división. Pedimos a la comunidad internacional que apoye el camino hacia la unidad y que respete la voluntad del pueblo palestino libremente expresada.

9.5 Jerusalén es el fundamento de nuestra visión y de toda nuestra vida. Es la ciudad a la que Dios le dio una importancia especial en la historia de la humanidad. Es la ciudad hacia la cual todos los pueblos se encaminan y donde se encontrarán en la amistad y en el amor en presencia del único Dios, según la visión del profeta Isaías: *"Sucederá al fin de los tiempos que la montaña de la Casa del Señor será afianzada como la más alta y se elevará por encima de las colinas. Todas las naciones afluirán hacia ella (...) Él será juez entre las naciones y árbitro de pueblos numerosos. Convertirán sus espadas en arados y sus lanzas en podaderas. No levantará la espada una nación contra otra ni se adiestrarán más para la guerra"* (Is 2.25). Es sobre esta visión profética y sobre la legitimidad internacional concerniente a la totalidad de Jerusalén, en la cual habitamos dos pueblos y tres religiones, que tiene que basarse cualquier solución política. Esta es la primera cuestión a tratar en las negociaciones, pues el reconocimiento de la santidad de Jerusalén y de su mensaje será una fuente de inspiración para la solución de todo el problema, que es en buena medida una cuestión de confianza mutua y de capacidad de construir una "nueva tierra" sobre esta tierra de Dios.

10. Esperanza y fe en Dios

10. En ausencia de toda esperanza, hacemos oír hoy nuestro grito de esperanza. Pues creemos en un Dios bueno y justo. Y creemos que su bondad acabará por triunfar sobre el mal del odio y de la muerte que todavía reinan sobre nuestra tierra. Y acabaremos viendo aquí "una tierra nueva" y un "ser humano nuevo", capaz de elevarse en el espíritu para amar a cada uno o una de sus hermanos y hermanas.

Un mensaje de los autores

Este documento es la palabra que las y los cristianos de Palestina queremos hacer llegar al mundo sobre lo que está ocurriendo en nuestra tierra. Ha sido escrito en un momento en que desearíamos ver la gloria de la gracia de Dios esparcida sobre esta tierra y sobre el sufrimiento del pueblo que la habita. En este espíritu, el documento ruega a la comunidad internacional que se ponga al lado del pueblo palestino, que ha soportado la opresión, el desplazamiento, el sufrimiento y un verdadero apartheid *durante más de seis décadas. Este sufrimiento continúa ante el silencio de la comunidad internacional frente al Estado ocupante, Israel. Nuestra palabra es un grito de esperanza acompañado de amor, de oración y de confianza en Dios. Está dirigido en primer lugar a nosotras/os mismos, pero también a todas las Iglesias y a todas y todos los cristianos del mundo, pidiéndoles que se alcen contra la injusticia y el* apartheid, *instándoles a trabajar por una paz justa en nuestra región e invitándoles a revisar las teologías tantas veces utilizadas para justificar los crímenes perpetrados contra nuestro pueblo y la expropiación de nuestra tierra.*

En este documento histórico, nosotras y nosotros, las y los cristianos palestinos, declaramos que la ocupación militar de nuestra tierra es un pecado contra Dios y contra la humanidad, y que toda teología que legitime la ocupación es una teología alejada de las enseñanzas cristianas; porque la verdadera teología cristiana es una teología de amor y de solidaridad con el oprimido, un llamamiento a la justicia y a la igualdad entre los pueblos. Este documento no ha surgido espontáneamente ni es fruto de la casualidad. No es una reflexión teológica teórica ni un escrito político, sino más bien un documento de fe y de trabajo. Su importancia radica en que es la expresión sincera de las inquietudes de nuestro pueblo y de su percepción del momento histórico en el que estamos viviendo. Busca ser profético, mostrando la realidad tal cual es, sin equívocos y con firmeza. Por otra parte, afirma que el fin de la ocupación israelí del territorio palestino y de todas las formas de discriminación es la solución que conducirá a una paz justa y duradera con el establecimiento de un Estado Palestino independiente con Al-Quds como su capital. Este documento hace igualmente un llamamiento a todos los pueblos, a todos los dirigentes políticos y a todos quienes tienen poder de decisión, a fin de que hagan presión sobre Israel y tomen medidas legales para forzar a que su gobierno ponga fin a la opresión y a su desprecio por el derecho internacional y las resoluciones de la comunidad internacional. El documento también afirma claramente que la resistencia no violenta a esta injusticia es un derecho y un deber de todas y todos los palestinos, incluidos los cristianos.

Las y los autores de este documento han trabajado en él durante más de un año, en oración y en intercambio de ideas, guiados por su fe en Dios y por el amor a su pueblo, teniendo en cuenta los aportes de numerosos amigos y amigas: palestinos, árabes y miembros de la comunidad internacional. Agradecemos a todos por sus testimonios de solidaridad. Como cristianas/os palestinas/os, esperamos que este documento marque un punto de inflexión para orientar los esfuerzos de todas las personas deseosas de paz en todo el mundo, especialmente de nuestras y nuestros hermanos cristianos. Esperamos también que sea acogido positivamente y que reciba un sólido apoyo, como fue el caso del documento sudafricano Kairós publicado en 1985 y que en su momento se convirtió en una herramienta poderosa en la lucha contra la opresión y el apartheid. *Creemos que nuestra liberación de la ocupación es un tema que interesa a todos los pueblos de la región y del mundo, porque el problema no es sólo político, sino uno que conduce a la destrucción de seres humanos. Rogamos a Dios que nos inspire a todas y todos, especialmente a nuestros dirigentes y a quienes tienen responsabilidad política para encontrar el camino que nos lleve a la justicia y a la igualdad, y a tomar conciencia de que ellas son la única vía que conducirá a la paz verdadera que estamos buscando.*

Con gratitud:

- Su Beatitud el Patriarca Michel Sabbah
- Su Gracia el Obispo Dr. Munib Younan
- Su Eminencia el Arzobispo Atallah Hanna
- Rev. Dr. Jamal Khader
- Rev. Dr. Rafiq Khoury
- Rev. Dr. Mitri Raheb
- Rev. Dr. Naim Ateek
- Rev. Dra. Yohana Katanacho

- Rev. Fadi Diab
- Dr. Jiries Khoury
- Sra. Cedar Duaybis
- Sra. Nora Kort
- Sra. Lucy Thaljieh
- Sr. Nidal Abu El Zuluf
- Sr. Yusef Daher
- Sr. Rifat Kassis, coordinador

Oímos el clamor de nuestros hijos

Nosotros, los patriarcas y dirigentes de las iglesias de Jerusalén, hemos escuchado el grito de esperanza que nuestros hijos e hijas han lanzado en estos tiempos difíciles que todavía experimentamos en esta Tierra Santa. Los apoyamos y compartimos su fe, su esperanza, su amor y su visión hacia el futuro. También apoyamos su llamamiento a nuestros/as fieles, así como a los líderes israelíes y palestinos, a la comunidad internacional y a las iglesias del mundo, para acelerar el advenimiento de la justicia, la paz y la reconciliación en esta Tierra Santa. Le pedimos a Dios que bendiga a nuestros hijos e hijas dándoles la fortaleza para que contribuyan de manera efectiva al establecimiento y el desarrollo de su comunidad, haciéndola una comunidad de amor, de confianza, de justicia y de paz.

- Su Beatitud el Patriarca Theophilos III, Iglesia Ortodoxa Griega
- Su Beatitud el Patriarca Fouad Twal, Iglesia Latina (Católica Romana)

- Su Beatitud el Patriarca Torkom Manougian, Iglesia Ortodoxa Armenia
- Muy Reverendo Padre Pierbattista Pizzaballa, Custodia de Tierra Santa

- H.E. Arzobispo Dr. Anba Abraham, Iglesia Copta
- H.E. Arzobispo Mar Swerios Malki Murad, Iglesia Ortodoxa Siria
- H.E. Arzobispo Paul Nabil Sayah, Iglesia Maronita
- H.E. Arzobispo Abba Mathaious, Iglesia Etíope
- Arzobispo Joseph Jules Zerey, Iglesia Católica Griega

- Obispo Gregor Peter Malki, Iglesia Católica Siria
- Obispo Munib A. Younan, Iglesia Luterana
- Obispo Suheil Dawani, Iglesia Anglicana
- Obispo Rafael Minassian, Iglesia Católica Armenia

15 de diciembre de 2009

Nota: En www.kairospalestine.ps podrá encontrar una lista de instituciones y personalidades cristianas palestinas que han firmado el documento *Kairós Palestina*, así como copias del mismo en otros idiomas.

Foto: ECAP Palestina

Los equipos cristianos de acción por la paz han estado trabajando en Hebrón desde 1998. Aquí, integrantes del equipo acompañan a niños de jardín de infancia desde la escuela a su casa. *Más información sobre ECAP en la página 15.*

www.ingramcontent.com/pod-product-compliance
Lightning Source LLC
Chambersburg PA
CBHW080554030426

42337CB00024B/4869